AF337952

RÉFLEXIONS

D'UN PRISONNIER DE GUERRE

PARIS. — TYPOGRAPHIE LAHURE
Rue de Fleurus, 9

RÉFLEXIONS

D'UN

PRISONNIER DE GUERRE

PARIS

LIBRAIRIE POUSSIELGUE FRÈRES

27, RUE CASSETTE, 27

1871

Le 6 mars dernier, les notes qui suivent ont été adressées en France par un officier interné en Prusse, avec prière à un ami de faire prévaloir autour de lui les idées qu'elles contiennent.

Quelques personnes, sous les yeux desquelles elles sont tombées, ont jugé qu'il serait bon de les livrer à l'impression, et l'auteur, à qui le temps fait défaut pour les revoir, les donne telles qu'elles ont été écrites, malgré l'imperfection de la forme.

L'heure présente impose à l'officier français d'autres soucis que celui de bien dire.

RÉFLEXIONS

D'UN PRISONNIER DE GUERRE

<hr>

I

6 mars 1871

Mon cher ami,

Prisonnier comme vous le savez, abîmé de douleurs, l'âme pleine d'une amertume affreuse, je touche au moment où je vais retrouver ma patrie en ruine, et je n'ose songer à l'accueil qui nous attend.

Il me semble déjà entendre la France désolée nous demander compte de ses désastres. Et cependant l'armée du Rhin a-t-elle réellement démérité du pays ?

L'armée de 1870 était celle de nos guerres d'Afrique, de Crimée, d'Italie et du Mexique. Elle n'avait pu déchoir du jour au lendemain ; elle n'avait pas déchu notablement.

Cette armée, diffamée par une brochure inquali-

fiable[1], a combattu à Wœrth au nombre de 30 000
hommes contre des forces presque quintuples auxquelles elle a fait éprouver une perte de 14 000
hommes, presque la moitié de son effectif.

L'autre fraction de cette armée, sous le coup de
l'échec d'un de ses corps et d'une retraite précipitée, a refoulé à Borny, avec moins de la moitié
de ses forces, l'ennemi arrivant en masse, et lui a
infligé, en hommes, un désastre que lui-même com-
pare aux combats les plus sanglants du premier
Empire. Deux jours après, à Rezonville, elle l'a
empêché de déboucher des défilés de Gorce. Re-
pliée en arrière malgré cet avantage, elle a dé-
fendu ses positions le 18 avec tant d'acharnement,
que la majeure partie de la garde du roi Guillaume
est restée là, comme un muet témoin de la valeur
française. On le voit donc, notre armée, qui avait
dans ses rangs un grand nombre des vainqueurs
d'Inkermann, de Malakof, de Magenta, de Solferino
et de Puebla, a donné dernièrement encore des
preuves incontestables de ses qualités guerrières.

Elle n'était pas irréprochable; mais tous ses défauts ne lui appartenaient pas en propre. La plupart
existaient depuis longtemps; notre heureuse étoile
les avait déguisés à bien des yeux; ils allaient à la
vérité en se développant, mais les revers les ont

---

1. Attribuée à l'Empereur.

grossis outre mesure; enfin, quels qu'ils fussent, il était encore possible d'obtenir de grandes choses de l'armée.

Je vais d'abord vous faire comprendre qu'elle a le droit de décliner la responsabilité principale de ces défauts, en vous montrant que la décadence de nos institutions militaires est la suite d'une décadence bien autrement grave, celle de la nation tout entière.

L'armée, sortie du sein de la nation, doit nécessairement en porter l'empreinte. La première responsabilité de ses défauts appartient donc à la nation qui partage, en outre, celle de la mauvaise organisation donnée aux forces militaires par le Gouvernement: car, suivant la remarque d'un profond penseur : « *un peuple a toujours le gouvernement qu'il mérite.* »

Voici donc l'ordre de la responsabilité : la nation, le gouvernement, l'armée.

Considérons d'abord les causes de la décadence de la France, qui menacent de la placer bientôt au niveau de l'Espagne et de l'Italie.

Et permettez-moi d'insister sur ce point. Si, en effet, la catastrophe épouvantable dont nous sommes les victimes doit nous profiter, c'est à la condition que nous ne nous bornerons pas à en gémir, mais que nous en rechercherons sérieusement le principe et le remède.

Un malheur semblable ne peut tenir à une cause ordinaire, et il est tel, à mes yeux, que je ne saurais lui en assigner une autre que la plus haute de toutes, celle-là même qu'il nous a plu de contester absolument et qui vient de se révéler dans la majesté de sa puissance outragée.

On se trompe grossièrement lorsqu'on attribue à la foi romaine la décadence des races dites latines ; c'est au contraire l'affaiblissement de cette même foi qui les a plongées dans le triste état où nous les voyons aujourd'hui.

L'Italie, regrettant sa grandeur païenne, n'a jamais cherché qu'à la reconquérir, et s'est épuisée dans des luttes inintelligentes avec le Saint-Siége qui faisait sa grandeur morale. L'Espagne expie encore sa conduite antichrétienne envers l'Amérique, qu'elle avait pour mission de civiliser. La religion et la royauté avaient fait de la France le plus beau royaume après celui du ciel ; mais la nation, la royauté et même le clergé, ayant voulu se soustraire à leurs devoirs respectifs, la Révolution est venue ensevelir dans un même abîme et le trône et l'autel. Elle a de plus tari le sang le plus généreux et elle a usé dans des luttes de géants, la forte génération qui lui avait été léguée, nous laissant ce peuple sans ressort, sans foi et presque sans vertu, que nous voyons aujourd'hui.

Je prévois ici une objection. Si la décadence de

la France est due à son apostasie, comment expliquer la puissance ascendante de l'Allemagne qui
elle aussi abjura, et même avant nous, la foi catholique ? Cela s'explique, entre autres causes, par les
différences qu'il est facile de constater dans le caractère des deux peuples, dans la manière dont ils
ont perdu la foi, et dans le degré de civilisation auquel chacun d'eux était parvenu, au moment où
cette crise eut lieu[1].

L'Allemagne s'est d'abord séparée de la vérité,
en substituant son propre esprit à celui de Dieu
dans l'interprétation de la Bible; mais elle a gardé
ce livre saint comme la règle des croyances, des
mœurs et du culte. Les croyances religieuses et les
mœurs ne devaient donc périr chez elle que peu à
peu, à mesure qu'allaient se développer les conséquences logiques du libre examen. En attendant, elle conservait le lien social par la pratique
d'un culte commun. Elle était arrivée à cette
phase de la civilisation où la volupté n'ayant pas
encore énervé les âmes ni les corps, toutes les fa

---

1. Un peuple qui se soustrait à l'empire de la religion, se livre, par là même, aux influences du milieu où il vit. Signalons,
en passant, celle du climat. Les Allemands, ceux du Nord surtout,
sont aux prises avec une température rigoureuse et un sol ingrat:
la nécessité de la lutte contre ces obstacles les maintient rudes et
vigoureux. Nous Français, placés dans des conditions beaucoup
plus favorables, nous devions tomber dans la mollesse. Nous y
voilà plongés.

cultés se déploient avec une grande vigueur. N'é-
tant plus soulevés vers le ciel, les Allemands tour-
nèrent toute leur activité vers la conquête des biens
de la terre. Et cette activité jointe à la patience tenace
du tempérament germanique, devait donner à la nation une certaine supériorité dans l'ordre matériel.
Je parle ici non-seulement de ses progrès dans la
pratique, mais encore dans la partie technique,
c'est-à-dire dans les sciences mathématiques et
physiques, dans l'usage des langues vivantes, en
un mot dana tout ce qui éblouit, aujourd'hui que
la délicatesse des sentiments et que la grandeur
d'âme semblent bannies de la terre avec la religion
qui les inspire.

Si maintenant nous considérons la nation française, nous voyons qu'en abjurant la foi, elle se
précipita d'un bond dans le rationalisme, entraînée
qu'elle était par la logique de son esprit et par la
fougue de son tempérament. Le lien social était
brisé. Une civilisation très-avancée avait développé
chez elle le luxe et l'amour du plaisir. Elle s'y
plongea dès qu'elle eut rompu avec l'Église. Le
catholicisme proclame la supériorité de l'âme sur
le corps, et tout en cherchant à améliorer la condition humaine, il s'efforce de maintenir constamment la subordination du corps à l'esprit. Privés
du contre-poids salutaire des pratiques religieuses,
d'autant plus nécessaires pour nous que notre ca-

ractère est plus léger, nous devions déchoir malgré nos brillantes qualités. Il n'y eut plus de frein, de sorte que le luxe et la volupté produisirent rapidement en France leurs fruits naturels, l'énervement physique et moral.

Quelques faits feront mieux comprendre ces observations et en démontreront la justesse.

Mes compagnons de captivité ont pu admirer, comme moi, la fécondité de la race allemande. Le nombre des enfants est prodigieux, effrayant même, si l'on songe que ce trop-plein est destiné peutêtre à combler un jour les vides causés en France par une stérilité calculée. On peut être également surpris, si ce n'est de la pureté, du moins de la simplicité des mœurs de ce peuple. Au point de vue matériel, on est frappé des habitudes laborieuses de ces fortes populations.

Sous le rapport intellectuel, l'application des enfants, le désir de savoir sont tels qu'en voyant ici les succès de l'enseignement primaire, bien des Français ont cru pouvoir trouver dans l'instruction obligatoire le salut de leur pays.

(Ils auraient pu remarquer que ces petits savants n'ont ni tact, ni manières, ni délicatesse, ni générosité de sentiments : en un mot, ils ne sont pas élevés[1].)

Enfin, la race allemande n'a pas été décapitée, et

---

1. Sans aller en Allemagne, on n'a qu'à comparer les élèves

ses classes supérieures habituées aux affaires, sont généralement respectées; elles donnent l'exemple d'une certaine dignité et ne se croient nullement dispensées de concourir au but commun.

En France, la famille n'existe plus pour ainsi dire; la simplicité a disparu; l'ordre a cessé d'être en honneur; l'aisance mène de suite au luxe et engendre le déréglement. On ne trouve plus dans notre pays que des riches cherchant à éblouir des pauvres qui les envient, et des employés besogneux.

Où donc est la France d'autrefois? qui nous rendra ses vertus: la maturité dans les conseils, la vigueur dans l'exécution? Comment cette France sensée, magnanime, puissante, s'est-elle changée en France sceptique, égoïste et débile?

La réponse à ces questions douloureuses serait bientôt faite, si l'on consentait à raisonner. Cette belle France d'autrefois existe encore dans les replis de l'autre. N'est-ce pas elle qui donne à l'É- glise ses plus intrépides missionnaires, ses reli-

---

des frères, avec ceux qui fréquentent les autres écoles: l'instruction peut être la même; mais quelle différence dans la tenue !

A notre entrée en Italie, un général libre penseur, mais père de famille, fut tellement touché de la tenue et de la bonne mine de jeunes élèves en promenade qu'il voulut visiter l'établissement tenu par des Lazaristes.

Un étranger voyant passer nos lycéens n'aura jamais le même désir. Il sera choqué de leurs allures, il le serait bien autrement de leurs discours.

gieuses les plus dévouées, ses associations chari-
tables les plus généreuses?

D'où viendrait ce contraste entre la vraie France
qui retient nos anciennes vertus, et le *servum pecus*
de la décadence, si ce n'est généralement de la
différence de principes dans lesquels ces deux
fractions de la nation ont été élevées ? Jadis
on respirait dans toutes les classes une atmo-
sphère de bons exemples inspirés par les
principes religieux. La guillotine nous a privés des meilleurs de nos pères, de ceux qui
devaient régulièrement nous transmettre, avec le
sol de la patrie, toutes les traditions, c'est-à-dire
cet héritage moral accumulé par les siècles. A
leur place, des hommes sans passé, sans expérience
personnelle, ont voulu par des paroles, mais non
par des exemples, nous former sur le moule antique, comme si le christianisme ne s'en était pas
déjà emparé pour le transfigurer. Et encore si
l'on s'était borné à entreprendre de nous mouler
sur l'antique !...

Je touche ici à un sujet délicat : je ravive une
blessure dont tous nos contemporains souffrent
plus ou moins ; mais s'ils ne sont pas résolus à
tout entendre, je suis décidé à ne rien cacher.
Depuis 1789, combien s'est-il trouvé d'hommes
d'État soucieux de préparer l'avenir en formant
des hommes sobres, justes et pieux, afin *d'assurer*

ainsi l'ordre et la liberté par l'accomplissement volontaire des devoirs de chacun, vis-à-vis de soi-même, des autres et de Dieu?

Après 1830, on a propagé les écoles communales ; qu'ont-elles produit? La statistique de la justice militaire aussi bien que celle de la justice maritime peuvent répondre : parmi les condamnés, ceux qui savent lire sont dans une proportion bien plus considérable que les illettrés. Ce résultat, qu'un grand esprit n'avait pas su prévoir, était clair tout d'abord aux yeux de tous les catholiques. L'instruction augmente la puissance de l'homme ; mais si elle est donnée en dehors des principes religieux, elle ne peut imprimer à cette puissance qu'une direction mauvaise.

L'*éducation* seule peut réformer l'homme en corrigeant ses défauts et en développant ses qualités naturelles. Sans elle, l'*instruction* ne formera jamais que des sauvages de plus en plus dangereux. Tels sont les Prussiens avec leur instruction obligatoire[1].

Dans nos classes aisées, une aveugle tendresse élève dans la famille de petits égoïstes qu'une détestable éducation publique achève d'endurcir avant de les jeter ensuite dans une société dissipée. Il ne saurait en être autrement, par suite du peu de racines que le christianisme a dans les fa-

---

1. « Des Mohicans sortis de l'École polytechnique (Louis Blanc). »

milles et du profond dédain de l'État pour les pratiques religieuses. Sous la protection de nos gouvernants, l'Université s'était réservé, de mon temps
du moins, le monopole de l'*instruction publique*. Elle
seule a enseigné la génération qui passe, et par
conséquent elle est responsable de notre déchéance
morale. Quel est son système d'éducation? Quels
moyens employait-elle pour former nos cœurs?
Pourvu que l'ordre extérieur régnât, le reste lui
était bien indifférent. Aussi à quels résultats est-
elle parvenue[1]? Institution libérale, elle avait commencé par confisquer la liberté à son profit; institution gouvernementale, elle a fourni les ennemis
du gouvernement les plus acharnés et les plus
nombreux. Sans doute elle a fait des lettrés, et
de toutes sortes; mais que demande-t-on de toutes
parts aujourd'hui? Un homme, et elle n'en a pas
fait un. Ses victimes, car je ne trouve pas d'autre
mot pour désigner ceux qu'elle a façonnés, em-
brassent diverses carrières et pourraient, ce semble, modifier leurs idées par suite des habitudes

---

1. Voici une question qu'il me paraît nécessaire de livrer aux
méditations les plus sérieuses de tous les honnêtes gens et particulièrement de ceux qui appartiennent à l'Université.

Si depuis bientôt cinquante ans des habitudes infâmes se sont
propagées dans les classes *éclairées* de la Société, ne faut-il pas
y voir une importation de la vie de collége?

Par une fatale coïncidence, l'armée puisait le même vice en
Afrique, dans son contact avec les populations musulmanes.

professionnelles et de l'expérience de la vie; mais ils en sont généralement empêchés. En effet, deux classes de la société restent comme les produits immédiats de l'enseignement de l'État: celle des avocats, et celle des journalistes, la langue et la plume. Ces deux puissances ne reconnaissent aucun contrôle, prétendent régner sans conteste, et comme par suite d'un même système d'éducation elles ont pour complices les classes éclairées; la France se trouve aujourd'hui suspendue aux lèvres des avocats et asservie par la plume des journalistes.

Quelque difficile à gouverner que soit une nation ainsi constituée, il y eut un moment au milieu de ce siècle où elle eût pu recevoir une impulsion salutaire. Si la révolution, semblable à un volcan, venait pour la troisième fois de couvrir de scories cette noble terre de France, sous la cendre des esprits divisés couvait encore un feu sacré ; il suffisait pour voir tout renaître d'arracher la génération de l'époque à l'influence mortelle du Rationalisme. La foi qui nous fait encore des prêtres et des religieuses, nous aurait donné des magistrats, des administrateurs et des soldats. L'héritier d'un nom glorieux venait de ressaisir le pouvoir, et la nation lui avait abandonné son blanc seing. Malheureusement, il n'avait rien de français.

Succédant au roi Louis-Philippe dont l'utilitarisme protestant avait commencé à faire d'une nation de soldats un peuple de commerçants, acclamé tout d'une voix pour rétablir l'ordre et la paix, l'empereur Louis-Napoléon a cru fonder sûrement sa dynastie, en ajoutant la gloire des armes au développement des intérêts matériels. Engagé par les traditions du premier Empire, il ne donna pas la paix, et lié par ses serments, il ne put rétablir l'ordre, parce qu'il ne voulut pas mettre l'autorité de l'homme sous l'égide de celle de Dieu.

Il avait feint d'abord de protéger l'Église ; mais la lutte sourde qu'il engagea de bonne heure à coups de brochures, avec la plus haute Majesté de la terre, ruina l'autorité de la religion dans les âmes tièdes, tandis que le choix d'évêques trop complaisants pour sa politique, compromit cette même autorité aux yeux des chrétiens ardents.

Le niveau moral continua à baisser ; le luxe prit un essor inouï ; les villes, stimulées par l'exemple de Paris rivalisèrent de dépenses insensées, et la vie renchérit prodigieusement. Dès lors tout ce qui se sentit un peu d'intelligence et d'énergie se lança à la poursuite de la fortune, tandis que les carrières dont l'honneur fait presque tout le bénéfice, furent laissées aux cœurs peu aventureux, aux esprits médiocres ainsi qu'aux attardés d'un autre âge.

Poussée par son gouvernement dans la voie d'abaissement qu'elle s'était frayée, la France allait ainsi, se dépouillant de plus en plus, non-seulement de la foi et de la charité divines, mais encore de ses sentiments d'honneur et de délicatesse qui avaient été plus particulièrement jusqu'ici l'apanage de notre race.

Un coup de tonnerre pouvait seul nous tirer de cette torpeur. Voici comment l'orage se forma. La complète déchéance des âmes devait aboutir à la décadence matérielle. Celle-ci commença par la désorganisation de la force nationale. L'armée fut considérée uniquement comme une aggravation aux charges publiques. Les bras diminuant par suite de la stérilité des familles, l'impôt du sang devenait de plus en plus difficile à payer. Il ne donnait pas non plus les mêmes résultats qu'autrefois : la taille s'abaissait, les constitutions allaient en s'affaiblissant, les besoins matériels en augmentant, les vices en se développant : la séve catholique s'épuisait.

Or la sobriété et l'abnégation sont des vertus qui ne sauraient émaner d'un décret et que n'enfantent ni les théâtres ni les cafés.

La religion, seule capable de nous régénérer, avait tenté naguère un généreux essai d'améliorations du soldat ; mais ses efforts furent paralysés par suite de la guerre avec Rome, et les personnes dévouées qui s'étaient chargées de cette ingrate mission furent dénoncées comme ennemies de l'Empire. La religion avait fait plus. A la faveur d'écoles catholiques, des familles dans le cœur desquelles nos anciennes traditions d'honneur et de dévouement se perpétuent avec le sang, avaient envoyé leurs fils dans les rangs de l'armée. Ainsi rentrait dans la vie commune toute une classe honorable qui, jusqu'alors, s'était tenue à l'écart. Que ce soit un avantage, la raison et l'expérience de l'armée prussienne ne permettent pas d'en douter, bien que sur ce dernier point il ne faille pas trop presser la comparaison. Malheureusement ces jeunes gens élevés avec trop de tendresse, arrivant dans un milieu facile, encore nouveau pour eux, ne donnèrent pas toujours les exemples qu'ils sont tenus de donner. Cependant beaucoup d'entre eux furent dignes de leur nom pendant la paix et tous pendant la guerre. Malgré leurs succès ou plutôt à cause de leurs succès, les écoles religieuses étaient en butte aux déclamations de ces hommes assez grossièrement épris d'eux-mêmes, pour croire que la liberté consiste à imposer aux autres leurs idées et leurs caprices. Dans tous les cas, par suite de leur origine récente, elles n'avaient pas formé des officiers ni assez nombreux, ni assez chrétiens pour retremper l'esprit de l'armée.

Et d'ailleurs cela était-il possible? Tandis que le développement exclusif des intérêts matériels chez un peuple passionné le gâtait et l'éloignait de sa vocation, la presse achevait de déconsidérer l'armée. Les plus brillants élèves de l'école normale troquaient la robe du professeur contre la plume du journaliste, et, sans principes, écrivant pour un public qui voulait à tout prix être égayé, ils furent amenés à rire de tout. Notre bizarre entêtement à conserver le culte de l'honneur qui ne donne ni hôtels, ni voitures, était un anachronisme trop flagrant pour n'être pas l'objet de leurs moqueries. D'ailleurs, il convenait aux avocats et aux lettrés de déconsidérer l'armée devenue le seul soutien effectif de l'Empire. D'un autre côté la presse répondait aux préoccupations du commerce, de l'industrie, de l'agriculture et du luxe, qui ne voulaient plus être troublés par l'idée même d'une guerre. L'armée fut donc regardée comme un appareil gothique, une inutile aggravation aux charges du pays, et l'on n'eut plus qu'un but, ce fut de la réduire. Mais si le pays ne voulait plus du nombre, l'Empereur, l'homme le moins soldat de son temps, ne se préoccupait pas de la qualité. Devenue un objet odieux et un objet de sarcasme pour une nation énervée et licencieuse, l'armée devint honteuse d'elle-même, et par suite de l'apathie du pouvoir elle eut bientôt quelque sujet de l'être. L'abaissement général des caractères ne permettait pas à la nation de lui fournir des âmes bien fières ; la condescendance du souverain pour le vice n'était pas faite pour relever la dignité de l'épaulette ; les généraux élevés à l'école d'Afrique avaient pu y puiser une aveugle intrépidité, mais ils n'y avaient pas trouvé l'esprit de discipline ni le sentiment de leur haute position. Quelque honorables que fussent la plupart d'entre eux, il y en eut trop qui ne se respectèrent pas assez.

La défense de se marier avait développé le concubinage parmi les officiers de la garde ; leur exemple, le séjour de Paris et de ses environs avaient produit le même effet chez les soldats, qui payaient parfois des domestiques pour balayer leurs quartiers. Les habitudes de la garde se répandaient dans la ligne ; une lassitude extrême régnait dans l'armée. Pour réaliser des économies, on avait supprimé des escadrons et des bataillons, ce qui avait donné un temps d'arrêt fâcheux à l'avancement devenu le seul mobile, par suite de l'affaiblissement de l'amour du devoir. Les hauts grades étaient donnés à l'ancienneté pour ne mécontenter personne, ou à des favoris, ce qui mécontentait tout le monde. Un officier arrivé jeune au grade d'officier supérieur était sûr d'arriver général à la seule condition qu'il vécût ; il en était de même s'il s'était distingué au début de sa carrière, quelle que fût d'ailleurs sa capacité. Beaucoup de colonels ne proposaient pour les choix que les plus anciens, toujours afin de ne pas exciter le mécontentement. Les inspections générales, ce mode d'examen si bien approprié à l'armée, n'avaient plus la même portée qu'autrefois. Le sentiment de la justice s'était perdu, comme l'indique le code de justice militaire qu'on adoucit au moment où la répression devenait plus nécessaire que jamais.

Les hommes graciés après condamnation, étaient renvoyés dans les corps où ils gâtaient leurs camarades et altéraient chez le soldat le sentiment de sa dignité personnelle. Dans les derniers temps, beaucoup de jeunes gens arrivant dans les corps étaient pris en flagrant délit de vol, ce qui montre les progrès de l'immoralité dans notre pays.

L'instruction des officiers était insuffisante et sans base, par suite de l'instabilité des règlements. L'exonération avait gâté le cadre si important des sous-officiers, en altérant ainsi la source d'une classe d'officiers précieux. L'uniforme même, à cause de ses variations incessantes, de l'exemple donné par la garde et des lazzis de la presse, n'était plus un insigne distinctif honorable, c'était une livrée incommode qu'on ne portait plus qu'à regret.

Donc, incapable de supporter les privations, dégoûtée par la presse, sans émulation, sans grand sentiment du devoir, sans principes, divisée d'opinions, pleine de l'esprit de dénigrement, en proie aux incertitudes d'une nouvelle organisation : telle était l'armée lorsque le plébiscite vint mettre en ébullition les mauvaises passions qui fermentaient dans ses rangs [1].

Certes, avec la légèreté qui nous est naturelle, il fallait que notre tempérament militaire fût bien robuste pour que l'armée résistât à tant de causes de dissolution. Cependant le cœur de ce grand corps était encore bon, l'indiscipline était plutôt dans la forme que dans le fond [2], et une fois devant l'ennemi, l'armée racheta noblement ses imperfections par la bravoure de ses soldats et l'expérience de ses officiers.

Ce qu'elle ne put racheter, même au prix de son

---

1. Tout, à la fin de ce triste empire, a contribué à rabaisser l'état militaire aux yeux des officiers. Lorsqu'il s'agit d'organiser la garde mobile, on choisit pour les grades, des officiers qui n'avaient jamais servi, des officiers qui avaient donné leur démission, des sous-officiers qui s'étaient retirés du service.

Quand des officiers qui avaient acquis péniblement leur grade au milieu des fatigues et des dangers virent de nouveaux venus porter les mêmes insignes qu'eux ou les insignes d'un grade supérieur, le prestige qui doit s'attacher à l'épaulette disparut à leurs yeux. — De là, un dégoût, un malaise extrême, et à l'occasion, des actes d'insubordination bien difficiles à réprimer.

Les abus reprochés à l'ancien régime ont reparu dans la garde nationale et dans la mobile. La hiérarchie militaire doit être inviolable et elle ne saurait être respectée tant qu'on en fera de semblables contrefaçons.

2. Je ne parle pas de l'armée de Sedan. Après l'imprudence de Wœrth, après le désordre et les privations d'une longue retraite, après l'adjonction de troupes nouvelles, cette armée n'était plus une armée. C'était un troupeau, et vouloir la ramener tout de suite contre un ennemi supérieur en force, était le comble de la déraison.

sang, ce fut le défaut d'organisation militaire, et
il faut bien le dire, de direction supérieure. La
préparation de la guerre était nulle, et cependant
l'expérience avait plus que sufiisamment démontré
la nécessité d'être prêt. Lors de l'organisation du
corps expéditionnaire de la Méditerranée, en 1849,
on demanda pour l'artillerie l'autorisation de faire
l'école à feu en attendant l'embarquement ; cette
autorisation n'arriva du ministère qu'après la prise
de Rome.

Quelque minime que fût ce corps, il avait mis
à jour tout ce que notre organisation a de défectueux pour passer du pied de paix au pied de
guerre. Nous avions débuté par subir un échec et
il avait fallu un mois pour nous mettre à même de
commencer le siége.

On vit bien mieux encore la faiblesse de nos
moyens lors de l'expédition d'Orient.

L'armée débarqua à Gallipoli sans aucune organisation préalable, et il fallut de grandes peines
pour la former. Heureusement, elle était comman-
dée par un esprit fertile en ressources et qui fit des
prodiges : elle échappa d'ailleurs à bien des re-
gards par suite de la distance, et elle acquit une
gloire qui fit oublier les douleurs de son enfan-
tement. Mais tous les exploits d'une campagne
moins lointaine, celle d'Italie, n'auraient jamais
dû faire perdre de vue les angoisses du début :

Alexandrie sans défense; à Gênes, des pièces arrivant sans affûts, des fusils sans munitions : quel désordre, et partant quelles leçons! De tels enseignements devaient être mis à profit; mais ce fut par une puissance qui calcula d'abord sur la lenteur autrichienne et plus tard sur l'imprévoyance française.

Depuis longtemps on réclamait, comme une des réformes les plus pressantes, la mise en œuvre pendant la paix du principe divisionnaire, afin que les chefs de corps arrivant au grade d'officier général pussent avoir la pratique du mécanisme de l'infanterie, de l'artillerie, de l'administration, etc., marchant ensemble; mais rien de cela ne s'était fait complétement, même dans les camps, et ce qu'il y eut de singulier en 1870, c'est que des généraux commandant des divisions actives furent placés à la tête d'autres troupes. Tout fut donc à organiser dans chaque division : état-major, artillerie, génie, services administratifs, gendarmerie, trésor, chaque fraction arrivant l'une après l'autre, et tout le monde entra en campagne sans que personne connût son voisin. Qu'auriez-vous pu attendre de l'armée, au milieu d'une telle incohérence, si cette armée n'avait pas été française? Cependant, comme nous venons de le dire, nous n'étions guère plus mal préparés que dans les expéditions antérieures, et, commandés par un homme de tête et de cœur, nous pouvions encore faire une campagne glorieuse, ou tout au moins honorable. Malheureusement, cet homme nous a manqué.

C'est dans ces tristes conditions que nous nous sommes trouvés en face d'un ennemi admirablement préparé et quatre fois plus nombreux que nous.

La différence des situations est saisissante. J'ai dit comment le travail avait développé la force en Allemagne et le luxe en France ; je dois ajouter que si l'insubordination générale de la nation s'était déjà introduite dans notre armée et si l'esprit de sophisme ayant détruit tout patriotisme dans le pays, laissait cette armée à ses seules traditions guerrières, l'Allemagne, au contraire, allait faire son unité par sa subordination à la Prusse et par son dévouement à une idée, celle de la patrie allemande.

L'idée prit corps, et l'œuvre fut rendue possible surtout par la crainte de la France qui pourtant ne cherchait que le repos. Ainsi, au dix-neuvième siècle, deux spectres auront fait deux empires : le spectre rouge et le spectre tricolore, tant il est vrai que, sous peine de tout craindre, il ne faut craindre que Dieu !

Le peuple allemand est timide quoique rude, et, chose également étrange, il est naïvement sentimental malgré sa rudesse. Timide, il n'attaque jamais s'il n'est le plus nombreux ou s'il n'est certain d'être le plus fort; alors il frappe brutalement.

Sa timidité a perpétué chez lui la crainte du puissant à défaut de celle de Dieu : il est donc passif et subordonné, ce qui le met facilement dans la main d'une aristocratie brutale, mais instruite et brave. Il suffit alors pour avoir une armée capable de tout oser, de donner confiance au soldat par le nombre, et d'animer sa froideur naturelle en profitant, pour l'exalter, de sa tendance sentimentale.

Le fanatisme qui avait été le stimulant du peuple allemand lorsqu'il s'était dépouillé de l'amour de Dieu, avait fait place, par suite des guerres sans merci de Napoléon Ier, à un sentiment plus noble, le patriotisme. Il ne fallait pour faire frémir cette passion soigneusement entretenue, qu'évoquer la cause même qui l'avait développée, le nom de Napoléon. Ce nom et celui de Germania ont déterminé par leur choc l'étincelle qui fut la cause de la conflagration de 1870. Mais le nom de Napoléon n'était plus qu'un mot exprimant une politique insensée. Sans alliés, avec un pays énervé, une armée insuffisante, des préparatifs nuls, celui qui le portait encore se lança de gaieté de cœur, comme il l'avait fait à Strasbourg, à Boulogne, à Alexandrie et à Vera-Cruz; mais cette fois contre une race vigoureuse, armée tout entière, se serrant par crainte et animée par une idée commune.

La patience de Dieu était lasse; il laissa faire, et moins de 250 000 Français furent aventurés au milieu de plus d'un million d'hommes admirablement organisés et menés, non avec génie, mais avec une méthode parfaite et une impitoyable volonté. Quels étaient nos appuis? Quels étaient nos moyens? Des forteresses inachevées, point de réserves, pas d'approvisionnements, un fusil excellent, mais sans un nombre suffisant de cartouches, une artillerie inférieure en nombre et en qualité.

On voit sur le bord de quel abîme nous avaient amenés un gouvernement sans sagesse et les passions d'une opposition sans patriotisme. Cet abîme, nous l'avons tous sondé aujourd'hui. Je vous ai dit les causes qui l'avaient creusé. Maintenant, du fond de ce gouffre où la gloire de nos armes a été précipitée la première, j'élève la voix pour dire à mes concitoyens : rappelez-vous ce que notre armée, malgré son infériorité numérique et son état de dénûment, a su faire à Wœrth, à Borny, à Rezonville et à Saint-Privat, afin qu'en la voyant rentrer humiliée par les capitulations qu'elle a subies, décimée et meurtrie par une douloureuse captivité, vous puissiez au moins rendre à sa valeur la justice qui lui est due.

II

A Dieu ne plaise cependant que ce douloureux exposé de nos fautes ait pour seul résultat de mettre en relief la valeur de mes infortunés compagnons d'armes. Je voudrais surtout être utile à l'armée dont ils ont si généreusement soutenu l'honneur. Mon plus grand désir serait de la voir renaître avec ses vertus guerrières, corrigée des vices qui l'avaient déjà bien entamée, organisée enfin de manière à pouvoir défier l'étranger[1].

Nous avons été vaincus parce que nous étions en trop petit nombre et nullement préparés ; parce que la nation a manqué de ressort, le gouvernement de consistance, l'armée d'un chef vigoureux et de soldats fortement disciplinés ; parce

---

1. Cette deuxième partie a été rédigée après l'envoi de la précédente. J'ai cru devoir revenir, pour y insister, sur quelques idées très-importantes qui n'avaient été qu'indiquées. Cela explique certaines répétitions qu'il eût fallu faire disparaître au moyen d'une refonte générale. Mais j'ai déjà dit en commençant, pourquoi je n'avais pu rendre ce travail plus digne d'être livré au public.

que, enfin, une malédiction palpable a succédé à l'inconcevable bonheur qui jusqu'ici avait favorisé nos entreprises.

Comment conjurer pour l'avenir ces causes multiples de nos désastres ?

Le nombre et la préparation réclament avant tout un budget relativement élevé. Cela, je pense, ne fait plus question, on touche aujourd'hui du doigt l'inconvénient d'économiser sur nous; tout le monde comprend qu'une armée nombreuse et bien outillée ne préserve pas seulement de la ruine, mais qu'elle donne, en outre, une prépondérance dont le commerce est le premier à profiter.

Il est nécessaire de modifier profondément notre système de recrutement et de réserve.

Pour arriver à une prompte et utile mobilisation, il faut absolument répartir l'armée dans les garnisons de manière que chaque division territoriale corresponde à une division active, avec son artillerie, son génie et tous ses services concentrés dans la main du chef. C'est une nécessité de premier ordre devant laquelle toutes les objections doivent disparaître. Chaque année, plusieurs divisions appelées de différents points du territoire seraient dirigées à l'improviste sur un camp d'instruction : les unes par les voies rapides, les autres par étapes, marchant constituées, parfois cantonnées, et d'autres fois campant en dehors des villes.

Ces marches me semblent très-utiles, et le passage alternatif de la vie de garnison à la vie de campagne sérieuse et sans cabarets, est bien préférable aux stations dans les camps permanents. Ici, les faiblesses ne peuvent plus se cacher; l'exemple des chefs devient souvent compromettant pour la discipline qui se perd en même temps que la tenue et la moralité. La licence des camps est passée en proverbe[1]. En général, d'ailleurs, les santés ne s'en trouvent pas mieux que les mœurs.

Quoi qu'il en soit, nous pourrons facilement être nombreux et être prêts, ne serait-ce qu'en copiant les Prussiens, et nous avons mieux à faire. Je n'insisterai donc pas sur ces deux points, d'une haute importance sans doute, mais qui, en définitive, ne constituent jamais qu'un mécanisme. J'ai hâte d'arriver aux causes morales : le manque de ressort dans la nation, de consistance dans le pouvoir, d'esprit militaire dans l'armée. Une défaillance si générale ne peut s'expliquer que par la perte des principes moraux et religieux sans lesquels il n'y a rien de sain ni de solide dans les nations pas plus que dans les individus. Tout le monde le sent instinctivement aujourd'hui[2], mais il importe de

---

1. Il y eut un seul camp permanent sous l'Empire : celui de Sathonay. Qui ne se rappelle les scandales donnés dans ce camp par certains généraux ?

2. Combien de gens ont déjà oublié les impressions qu'ils

rendre clair pour l'intelligence ce que l'instinct ne peut que faire vaguement saisir, afin de dissiper les préjugés et de secouer la torpeur qui nous empêcheraient de recourir aux seuls moyens effi‑ caces de guérir notre mal.

Je vais, dans ce but, rappeler d'abord quelques vérités évidentes pour la raison, proclamées par la conscience et consacrées par l'expérience ; je les démontrerai ensuite par l'absurde, en faisant tou‑ cher du doigt les conséquences désastreuses des erreurs contraires ; j'indiquerai enfin comment on peut les propager dans la nation et plus particu‑ lièrement dans l'armée.

Les intelligences sont abaissées, les caractères effacés, le matérialisme nous déborde, voilà ce qui est unanimement constaté ; mais ce dont on ne veut pas convenir franchement, c'est qu'un tel affaisse‑ ment de l'*esprit* et du *cœur* vient de ce que l'homme a perdu son *idéal* et son *but*.

Notre âme a été créée pour être unie à Dieu qu'elle doit servir et à un corps dont elle se doit servir.

Il est évidemment impossible de se faire une idée plus raisonnable et plus magnifique de la na‑ ture et de la destinée humaines ; partant quiconque rejette cette vérité se dégrade intellectuellement.

---

ressentaient si vivement au moment où ces lignes furent écrites!

En perdant cette grande conception, nous perdons la boussole de notre vie, qui, dès ce moment, est livrée aux caprices de nos passions. Chez presque tous, le corps dirigé d'une manière désordonnée est bientôt ruiné, tandis que ses besoins surexcités finissent par assujettir l'âme elle-même; la dégradation physique suit ainsi la dégradation intellectuelle et consomme la dégradation morale.

De même, les peuples qui se refusent à servir Dieu, sont abandonnés à des maîtres insensés; les rois qui se déclarent omnipotents, sont emportés par les révolutions; les armées qui ne comptent que sur leur bravoure, sont livrées à leurs ennemis. Autant d'applications diverses d'une même loi: l'esprit qui se soustrait à l'autorité de Dieu, tombe sous le joug de la matière; dès lors plus de dignité chez les peuples, plus de retenue chez les princes, plus de dévouement dans l'armée.

Cette dégradation lamentable est bien notre œuvre à nous, et c'est à nous seuls que nous devons l'imputer. Si, en effet, la conscience et l'expérience démontrent surabondamment à l'homme qu'il est le maître de ses déterminations, elles lui affirment en même temps et avec non moins de certitude, que son activité est assujettie à des lois dans l'ordre moral aussi bien que dans l'ordre physique. Il s'agit effectivement pour lui, non de penser, de parler ou d'agir *librement*, mais de penser juste, de parler vrai et de bien agir. Il est libre, mais uniquement pour vouloir le bien, et lorsqu'il veut le mal, il abuse de son libre arbitre et il devient responsable de cet abus.

Les maux dont nous souffrons et dont nous cherchons le remède n'ont pas d'autre cause.

Deux moyens d'une valeur bien inégale s'offrent à nous pour les guérir : la contrainte physique et la discipline des âmes.

La contrainte physique a pour mission de réprimer les écarts du libre arbitre, mais rien que ces écarts, et encore seulement lorsqu'elle peut être appliquée sans amener un plus grand mal. Elle a besoin d'être maniée tout à la fois, avec beaucoup de fermeté, de discernement et de prudence. Employée avec faiblesse, elle permet au mal de se répandre à l'aise ; employée sans discernement, elle frappe le bien à la place du mal ; employée avec une rigueur intempestive, elle exaspère le mal au lieu de le corriger.

En tout cas, la portée bienfaisante de la force matérielle est très-limitée : si elle peut jusqu'à un certain point réprimer les actes, interdire la doctrine qui les propage, et même l'étouffer en nous à force d'en empêcher l'expression, elle est absolument impuissante à faire accepter la vérité et le bien. Cette tâche revient exclusivement à la discipline des âmes, c'est-à-dire à l'enseignement par l'amour, par l'exemple et par la parole.

Pour remédier aux maux de la patrie, il faut donc :

1° Réprimer à propos la licence individuelle dans ses diverses manifestations extérieures ;

2° La détruire dans sa source, par l'enseignement.

Alors le mal sera contenu, et le bien développé : par conséquent l'ordre se rétablira dans la nation et par suite « la paix qui est la tranquillité de l'ordre. »

Mais tout cela suppose évidemment que nous sommes en possession d'une doctrine certaine sur laquelle nous puissions nous appuyer, en toute sécurité, pour combattre le mal et propager le bien.

Si nous demandons cette doctrine aux écoles philosophiques purement humaines, elles nous répondront par le matérialisme ou par le spiritualisme. Mais comme le dit si sensément Pascal : « Qui veut faire l'ange fait la bête, » et c'est un fait d'expérience que les adeptes du spiritualisme ont la tête dans les nuages, et par suite, trop souvent, hélas ! les pieds dans la boue. Si éthérés qu'ils soient dans leurs spéculations chimériques, ils finissent toujours dans l'application par glisser dans le plus grossier matérialisme. *Evanuerunt in cogitationibus suis et obscuratum est insipiens cor eorum.... tradidit illos Deus, in desideria cordis eorum, in immunditiam*[1].

Il ne peut donc y avoir de salut que dans une doctrine venue de plus haut. Cette doctrine existe ; elle a

---

1. Rom. I, 21 et 24.

ses marques divines, elle est avouée par la raison et confirmée par l'expérience. C'est le christianisme.

Si dans cette nuit de plus en plus profonde qui se fait dans les âmes, il vous reste encore assez de lumière pour reconnaître dans le christianisme le type de perfection le plus élevé qu'on ait réalisé, faites donc des lois chrétiennes et répandez l'enseignement religieux.

Alors vous aurez établi l'ordre sur sa véritable base, qui est la vérité, et vous aurez fondé la liberté, parce que les âmes étant *élevées* à penser judicieusement, à parler vrai et à bien agir, se soumettront d'elles-mêmes à des lois inspirées par le même esprit.

Alors vous aurez une nation décidée à conserver des institutions qu'elle aura appris à aimer, et douée de la virilité nécessaire pour les défendre, parce que ces institutions mêmes l'auront rendue chaste, sobre et robuste.

Cette forme de société existait naguère, lorsque les mêmes causes qui l'empêchent de se reconstituer aujourd'hui, sont venues en arrêter le développement. C'est ce qu'il va être facile d'expliquer.

Le christianisme est une doctrine toute faite et elle répond à tous nos besoins. Chacun de nous n'a plus dès lors qu'à la pratiquer pour son compte personnel, et la science qu'à la faire resplendir et en étendre les applications à la famille, à la nation, à la société tout entière. Mais par sa perfection même, cette doctrine gêne dans son essor la triple concupiscence, l'orgueil surtout qui ne peut souffrir de domination d'aucune sorte, pas même celle d'un enseignement divin. Il se révolte contre cet enseignement et contre l'Église qui en a le dépôt. Il prétend y substituer ses propres conceptions. Tous ceux qui ont intérêt à ce que Dieu ne soit pas, s'empressent de se ranger du côté de la libre pensée.

Le chaos des doctrines ébranle dans les esprits les notions fondamentales de l'ordre moral, oblitère la conscience, fausse le sentiment du libre arbitre et de la responsabilité[1]. Dès lors, toute répression du mal devient odieuse. La connivence du pouvoir et celle de l'opinion la plus bruyamment exprimée, lui assure l'impunité.

Sous l'influence des mêmes causes, la révolte

1. De toutes parts on se plaint que nous ayons perdu le sentiment du devoir sans songer qu'il est incompatible avec les doctrines en faveur. L'homme s'avance dans la vie sous la double impulsion de son libre arbitre et d'une Providence attentive. Mais nos penseurs ont changé tout cela. Voué par eux à des passions *irrésistibles* et à l'*inexorable* fatalité, le criminel ne peut plus être coupable : il n'est dès lors qu'un animal plus ou moins malfaisant dont on peut se débarrasser, mais qu'il est absurde de juger. Son forfait ne devient à ses propres yeux qu'une nécessité de sa nature et la répression qu'une lâche vengeance. Tandis que la société, de moins en moins fixée sur les droits qu'elle a à son égard, hésite à le frapper, il devient d'autant plus redoutable pour elle qu'il est plus affranchi de la conscience par une éducation athée et que ses passions sont plus surexcitées par le développement des intérêts matériels.

atteint l'autorité des princes, celle des maîtres, celle du père de famille. C'est ainsi que nous sommes arrivés à ce bouleversement de toutes choses où nous nous débattons.

Mais n'oublions pas d'assigner à l'enseignement officiel la part qui lui revient ici.

En rejetant des études classiques tout l'enseignement traditionnel divin pour nous engouer, hier, de la littérature grecque et romaine, aujourd'hui, des sciences exactes, nous avons soustrait la jeunesse à l'influence de l'amour, de la parole et des exemples de Dieu et de nos aïeux qui croyaient en lui. L'amour maternel, s'il n'a pas tari, — il est intarissable, — a été du moins altéré par l'égoïsme. Des deux conditions de toute bonne éducation, la douceur et la fermeté, la mère n'a su conserver que la moins pénible à remplir; la sévérité, parfois si nécessaire, a été proscrite sous le nom de cruauté. D'ailleurs l'enseignement de la mère a été combattu pour ainsi dire dès le berceau, par le père et plus tard par le maître.

La jeunesse a été privée ainsi, non-seulement de l'amour par excellence, mais encore de l'affection véritable qu'elle devait trouver ici-bas et qui a dégénéré en faiblesse, en orgueil et en intérêt mercantile ou en passion de sectaire. Voici l'une de nos plus grandes plaies : un maître fonctionnaire enlevant cette jeunesse infortunée du foyer domestique et la séparant bientôt du Dieu sauveur qu'elle y avait entrevu. Déshéritée de l'amour, sans exemples salutaires, sevrée des paroles de vérité, gâtée, sceptique et dépravée, est-il étonnant qu'elle ait formé une génération aussi incapable de se plier à l'ordre que de défendre le sol de la patrie ?

Voilà donc l'origine et la marche du désordre social : il prend naissance dans l'individu par l'oubli du but de la vie et il se répand dans la société, par la faute des gouvernants qui manquent au devoir de le réprimer ; il se perpétue par la faute des éducateurs qui manquent au devoir d'en préserver les générations nouvelles.

Nous pouvons suivre ainsi la filiation et l'enchaînement de nos maux. Nous les voyons se rattacher directement à la négation de la doctrine révélée.

Il faut en prendre son parti : ou la France se retrempera dans le christianisme, ou elle continuera la série déjà si douloureuse de ses chutes successives jusqu'à ce qu'elle soit rayée de la liste des nations, comme l'ont été l'un après l'autre tous les peuples païens.

Elle le sait par une désastreuse expérience : à mesure que les croyances religieuses ont baissé dans les âmes, on a vu se développer toutes les œuvres de la chair, « *qui sont la fornication, l'impureté, la dissolution, l'idolâtrie, les empoisonnements, les inimitiés, les dissensions, les jalousies, les animosités, les querel-*

*les, les divisions, les hérésies, les envies, les meurtres, les
ivrogneries, les débauches et autres choses semblables* [1], »
dont nous avons sous les yeux l'horrible tableau.

Ne peut-on pas affirmer que sous le règne qui
vient de disparaître, trois ordres de la nation, le
peuple, la cour et l'armée, présentaient plus particulièrement chacun une des faces de la triple
concupiscence : le peuple, celle des yeux, la cour,
l'orgueil de la vie, et l'armée la concupiscence de
la chair ? Or, la sentence en est portée : « Si vous
accordez à votre âme ses convoitises, elle vous
rendra la joie de vos ennemis. » Le deuxième Empire devait nous conduire à une réalisation épouvantable de cette parole. Il a été éminemment
corrupteur ; il fut le règne des cabarets, des jour-
naux sans principes et des viveurs. Or si l'alcool
et le tabac sont pernicieux pour notre tempérament
nerveux, le défaut de croyances est plus funeste
encore pour notre nature légère et passionnée,
tandis que l'amour du bien-être nous livre, corps
et âme, aux influences amollissantes d'un climat
tempéré et d'un sol fertile. Aussi qu'avons-nous
vu au jour des suprêmes périls ? Quelles ressources le gouvernement de la défense nationale a-t-il
pu tirer de la surexcitation avinée des villes ou de
l'égoïsme aveugle du paysan pour qui la patrie
s'est arrêtée aux limites de son champ ?

---

1. Galat. V, 19, 20, 21.

Dieu est. On peut le méconnaître, on ne peut le supprimer. Le méconnaître est un effroyable désordre que nous expions aujourd'hui par tous les désordres.

Fidèles, nous aurions été vainqueurs, ou du moins notre défaite n'aurait pas été la suite d'une politique insensée aboutissant à une folle aventure, et alors la France, si grande par ses victoires passées, se fût montrée, comme la mère des Machabées, plus grande encore dans le martyre de ses enfants.

Qu'est-il advenu? Un désastre épouvantable de nos armées, puis une prostration absolue du pays. Jamais une victoire complète, ni une de ces défaites « *triomphantes à l'envi des plus belles victoires :* » rien qui pût au moins consoler notre amour-propre.

Une pareille infortune jette sur le passé une sinistre lueur dont le présent devrait bien profiter. Nous avons voulu que nos consciences fussent sans loi, nos langues sans frein, nos actes sans contrôle, et l'élite de nos jeunes gens a été emmenée en captivité, nos cris de détresse ont été sans écho, nos consciences se sont vainement révoltées contre des ennemis sans vergogne.

Nous avons méprisé Dieu, et Dieu nous a rendus méprisables; nous avons prononcé le *non serviam*, et nous avons été asservis; nous nous sommes abandonnés à la poursuite des richesses, et nous sommes dépouillés.

Relevons donc avant tout l'idée de Dieu dans les âmes, si nous avons vraiment à cœur de relever les ruines de la patrie. Reprenons la loi chrétienne pour la règle de nos consciences dévoyées, afin de pouvoir reprendre la place que nous avions parmi les nations. Retirons-nous avec énergie de ces amours misérables des richesses, des honneurs et des plaisirs, pour revenir au généreux amour de Dieu et du prochain. Notre raison doit être enfin convaincue, mais notre cœur hésite peut-être encore devant les devoirs qu'elle impose : que du moins nous soyons assez dévoués à notre pays pour vouloir lui préparer des générations plus dignes de lui, en donnant à nos enfants cette éducation solidement chrétienne que des pères incrédules n'ont pas su nous donner. Il reste encore en France, Dieu merci, avec le sentiment du bien et du mal, le souvenir des vertus de nos aïeux. Remettons ces vertus en honneur, efforçons-nous de les faire revivre en nous, respectons la foi qui les inspire, et notre vie confirmant l'éducation donnée à la jeunesse la remettra bientôt en possession des nobles qualités de notre race. J'ajouterai à ce propos une réflexion destinée à ceux qui sont assez privilégiés pour croire encore pratiquement en Dieu. L'idée révolutionnaire a détruit la foi et presque aussi la vertu. La foi est revenue dans bien des âmes, mais la vertu tarde encore à refleurir. Trop heureux de retrouver des pratiques religieuses qui satisfont les plus nobles aspirations de l'âme, nous ne nous efforçons pas assez d'atteindre leur fin. Ce manque de vertu chez les croyants est un scandale. Il dépend sans doute beaucoup du milieu social qui, généralement corrompu, oppose un obstacle effrayant au développement du bien dans les individus. Mais à mesure que la foi se développera, le milieu tendra à s'assainir et les vertus renaîtront. A vous chrétiens à la foi vivante de hâter ce moment. Que votre ardeur réchauffe les tièdes. Que l'intégrité, la dignité, la générosité de votre conduite attirent vers vous et rapprochent de l'Église ceux qui n'adoptent encore que par raison les principes de la civilisation chrétienne. Alors se disciplinera le grand parti de l'ordre composé jusqu'ici d'hommes apathiques qui ne s'entendent pas entre eux, parce qu'ils s'arrêtent dans le bien à des degrés différents. Il faut que ces gens raisonnables creusent au-dessous de leurs opinions sans consistance, jusqu'à ce qu'ils arrivent à la vérité, qui seule est une et capable de les unir invinciblement. Alors ils tendront au peuple une main compatissante; ils l'élèveront par leurs exemples, par leurs conseils, et le mûriront ainsi pour la liberté.

Mais comme nous l'avons déjà indiqué, pour former un peuple, il ne suffit pas de lui donner des règles de conduite, il faut encore que le pouvoir veille à leur application. La doctrine est donc aussi nécessaire au Gouvernement qu'aux particuliers. Lorsqu'on ne sait pas faire la distinction du bien et du mal, comment réprimer la licence et protéger la liberté? On hésite, on tâtonne, on se tient dans un équilibre instable que le moindre accident suffit à détruire. C'est par suite de ce manque de doctrine que le Pouvoir n'a pas cessé de contrarier le mouvement de régénération sociale dont nous avons tant besoin et qui semble devoir sortir de nos catastrophes. Remarquons-le en passant, l'Empire a hâté la décrépitude du monde issu de la Révolution et préparé ainsi, sans le vouloir, l'avénement d'un ordre de choses meilleur.

Il est absolument indispensable pour l'armée que ce mouvement de rénovation déjà visible dans les classes supérieures se généralise et descende dans le peuple qui, en définitive, fournit la généralité de nos soldats. Comment, en effet, des jeunes gens ne respectant plus ni leur père, ni leur mère, ni Dieu, pourraient-ils être capables de déférence envers leurs officiers et de fidélité au drapeau ? Or chaque année nous apporte un contingent toujours plus considérable de recrues de cette sorte, et en supposant même à la discipline assez de puissance pour les contenir dans le devoir, qui pourra leur rendre la santé et la force morale que la débauche a fait avorter en eux? Pour avoir un recrutement convenable, il faudra donc que gouvernés et gouvernants fassent tous leurs efforts pour hâter le retour de la France aux saines doctrines.

L'armée recevant alors de bons éléments devra d'abord ne pas les pervertir ; mais évidemment ce n'est pas assez : son devoir sera de les améliorer. Il faut que la deuxième éducation qu'ils recevront sous les drapeaux continue et développe celle qu'ils auront reçue dans leurs foyers assainis. Il n'y a pas de meilleur moyen pour former des soldats : car en dehors de la religion, il n'y a pas de doctrine qui puisse enseigner avec autorité, persuader à la multitude et faire pratiquer l'obéissance, le désintéressement, le sacrifice. Or, ces vertus éminemment chrétiennes sont aussi les plus indispensables des vertus militaires.

Malheureusement, elles ne sont plus l'apanage des Français. Si d'autres peuples vont perdant de jour en jour l'esprit chrétien, ils conservent du moins encore, grâce à leur caractère malléable et tenace, la discipline que cet esprit leur avait profondément inculquée ; mais nous, nous avons déjà perdu avec cet esprit tout respect pour l'autorité, toute subordination, tout sentiment de la hiérarchie. Ces vertus sont entièrement à reconquérir, et nous ne le pouvons faire qu'en revenant aux principes qui nous les avaient données.

Je ne veux pas dire qu'il faille négliger les moyens ordinaires d'inspirer l'esprit militaire aux jeunes soldats; je trouve même et je m'en plains depuis longtemps, qu'on a grandement tort de les mettre de côté. Mais encore faut-il trouver un fonds où les nobles sentiments puissent germer; or c'est précisément ce qui fait aujourd'hui défaut à nos pauvres jeunes hommes, *quorum Deus venter est*[1]. Il s'agit donc d'une régénération radicale : il y faut *du divin*.

Est-il besoin de dire qu'il est à mille lieues de notre pensée, de demander à qui que ce soit des pratiques religieuses qui ne seraient pas inspirées par des convictions réelles? Si ces pratiques ont une puissance d'amélioration morale incontestable, ce n'est jamais qu'à la condition d'être non pas un vain simulacre, mais l'expression véritable de sentiments intimes. Il y a ici un élément qui échappe à l'appréciation du chef. Par suite, l'habitude des pratiques religieuses ne suffirait pas pour recommander un homme à mes yeux. Je ne tiendrais pas non plus pour un mauvais soldat, sans l'avoir mis à l'épreuve, celui que je verrais étranger à ces mêmes pratiques. Le bon naturel et d'autres circonstances favorables rendent parfois

---

1. Un officier de mes amis, qui ne songeait guère à saint Paul, me disait, à propos de ses hommes : « Ce ne sont pas des soldats, ce sont des ventres. »

un homme meilleur que ses principes. Ce que je
veux dire, c'est que l'armée a surtout besoin des
vertus morales, qui sont la base des vertus militaires ; que nous devons par conséquent faire tout
notre possible pour lui inculquer l'esprit chrétien
qui en est la source la plus abondante, et qu'en
principe, nous avons le droit et le devoir de les exiger de tout soldat. Qu'il nous les apporte ; nous ne lui
demanderons pas à quelle source il les aura puisées.

.La première chose à faire pour développer l'esprit chrétien est l'établissement de l'aumônerie,
d'une manière permanente. Ce service a été, comme
tous les autres, à organiser, au moment de la
guerre, et bien des aumôniers, très-bons prêtres
d'ailleurs, n'avaient ni les qualités ni l'habitude
requises pour des fonctions si différentes du ministère paroissial. Pour faire complétement les
choses, il faudra s'adresser aux ordres religieux.
On est en droit d'attendre d'un régulier plus de
détachement, et Dieu sait s'il en faut pour être au-
mônier militaire ! Le religieux ne vient pas vers
les soldats parce qu'il ne se plaît pas dans une pa-
roisse ou par un zèle irréfléchi. S'il ne convient pas
à sa fonction, un ordre du supérieur le fait partir
sans qu'il y ait nécessité de lui trouver une position.
Il peut enfin aller se retremper dans sa commu-
nauté, ce qui est ici de la plus haute importance.

Nous n'entendons certes pas nous passer du

clergé séculier qui a donné et donne encore tant de marques de sympathie à l'armée. On trouvera dans la plupart des garnisons des prêtres heureux de se consacrer aux soldats. Avec leur concours, des laïques dévoués réuniront les hommes dans leurs moments de loisir. Utilisez toutes ces bonnes volontés et favorisez-les moralement et matériellement. Il est fort important pour l'armée que le Gouvernement donne la liberté et prête son concours à ces œuvres militaires qui consistent en une messe le dimanche, en instructions spéciales, retraites et réunions où les soldats trouvent des jeux, des livres, de bons exemples et de bonnes paroles.

Que voulez-vous qu'ils deviennent si vous ne leur mettez rien dans la tête ni dans le cœur ? Tout en leur apprenant dans vos écoles à lire, à écrire et à compter, donnez-leur la facilité d'aller aux écoles des frères : ils aiment ces écoles et en retirent d'excellents fruits.

Vous leur devez le repos complet du dimanche et vous vous ménagerez, en le leur donnant, un moyen de répression bien puissant : car vous pourrez priver de cette liberté ceux qui en abuseront ou qui auront fait des fautes graves pendant la semaine [1].

---

1. Cependant les hommes consignés, ceux à la salle de police et à la prison doivent toujours être conduits à la messe, s'ils le demandent ; cela se fait déjà pour les condamnés.

On dira que le dimanche est le seul jour où l'on puisse passer des revues et que l'on n'a pas trop de la semaine pour faire travailler les hommes. Je me contenterai pour toute réponse de citer cette parole si philosophique et si complétement justifiée par l'expérience : « *Vanum est vobis ante lucem* « *surgere: surgite postquam sederitis….* » Le reste est de l'agitation presque sans fruit. Éclairez vos hommes, faites-les asseoir moralement et ils vous donneront, par suite du développement de leur intelligence et par leur bonne volonté, ce que vous n'obtiendriez jamais d'eux en les faisant travailler cinquante jours de plus par an.

On ne manquera pas d'objecter encore que les hommes profiteront de leurs loisirs pour aller au cabaret. Soit ; mais s'ils y dépensent leur argent le dimanche, ils devront s'abstenir d'y retourner pendant la semaine, et cela même aura pour effet de rompre leurs habitudes d'ivrognerie. A vrai dire l'objection n'est pas sérieuse ; car combien de dimanches se passent sans revues et sans scandales ! Les hommes se promènent dans la journée, rentrent pour leur repas du soir et souvent ne ressortent plus. Dans tous les cas, en observant la loi du dimanche, vous vous conformez à l'ordre et vous donnez à vos hommes un exemple de respect religieux qui, soyez-en certain, ne sera pas perdu.

Il est d'ailleurs indispensable de prendre des

mesures de rigueur contre ce fléau de l'ivrognerie et contre l'insubordination qui en est si souvent la conséquence. On devrait prolonger le temps de service des ivrognes incorrigibles, en former des corps à part, soumis à une discipline plus sévère et à un traitement tout spécial.

Ce qu'il faut surtout au soldat, c'est l'exemple et la sollicitude de ses chefs. Mais la sollicitude ne peut être vraie et bien réglée que par cet esprit chrétien qu'il faut absolument faire revivre dans l'armée : c'est lui qui nous rendra la tenue, la dignité des manières, l'urbanité du langage et généralement cet esprit de douceur et de fermeté qui fait naître chez les subordonnés le respect, l'obéissance, l'affection, et qui va même jusqu'à leur inspirer de sublimes dévouements.

Le retour à cet esprit chrétien, retour que j'ai signalé plus haut dans les classes supérieures, existe aussi dans l'armée. Les idées du journal *le Siècle* n'y règnent plus sans conteste, et un certain nombre d'officiers savent qu'ils ont une âme et qu'il existe un Dieu. De même que j'ai engagé les hommes d'ordre et surtout les chrétiens à travailler à la régénération de la patrie, j'adjure de même les officiers mûris par nos défaites et particulièrement ceux qui pratiquent leur religion, de manifester leurs convictions par une conduite irrépréhensible. Qu'ils donnent toujours et partout l'exemple de la fidélité la plus scrupuleuse à tous leurs devoirs. Cet exemple servira sans doute plus à la troupe qu'à leurs camarades qui n'ont pas reçu ou qui ont rejeté le bienfait d'une éducation chrétienne. Ceux-ci ont vieilli dans des préjugés qui favorisent les passions grossières, et ils ne sont plus guère accessibles, comme les soldats, aux idées élevées cachées aux prudents et aux sages, mais révélées aux petits par une grâce spéciale du Christianisme. Il faut au moins exiger de tels officiers le triple respect de Dieu, de leurs supérieurs et de leurs hommes. Il y a ici pour les chefs à tous les degrés de la hiérarchie une immense responsabilité : les inférieurs en donnant des exemples pernicieux, les supérieurs en ne les réprimant pas, et à plus forte raison s'ils donnaient eux-mêmes des scandales, opposeraient un obstacle insurmontable à la régénération de l'armée. On devra désormais tenir un plus grand compte de la conduite privée. Il convient sans doute de faire une part à la fougue de la jeunesse, mais non pas de tolérer le scandale et le vice. La loi sur l'état des officiers doit être modifiée : elle favorise trop l'individu au détriment de l'institution. Il faut une police vigilante et une répression vigoureuse. On évitéra ainsi bien des chutes et bien des entraînements. Que de robustes soldats l'absinthe a moissonnés ! Que de jeunes officiers pleins d'avenir ont misérablement avorté, parce qu'il leur a manqué une répression sévère dès leurs premiers écarts !

Plus que tout autre le métier militaire demande un moral bien trempé, en raison des périls auxquels il nous expose et des fatigues auxquelles il nous soumet, en raison aussi du laisser-aller qui s'y rencontre si fréquemment. Les fatigues comme les excès usent le corps, et avec le corps tout est usé chez celui qui ne vit que de la vie matérielle[1]. La lassitude, le trouble des fonctions, nous ne l'avons que trop vu, réduisent à néant les hommes qui n'ont d'autre soutien que la force physique. Une légère indisposition abat ceux qui ont vingt fois défié la mort sur les champs de bataille, et l'on a vu dans plus d'une circonstance les officiers les plus braves devant l'ennemi manquer tristement de courage civil. Pour faire un véritable homme de guerre, il faut le *mens sana in corpore sano*.

De nos jours les campagnes se terminent vite, et la pratique ne peut, comme autrefois, suppléer à l'in-

---

1. D'où viennent la qualification de *culotte de peau*, employée dans la cavalerie, et l'aphorisme du fantassin : *vieux soldat, vieille bête ?* si ce n'est que dans notre métier le cœur de l'homme et son esprit s'enterrent dans la matière qui semble le but du soldat.

« J'ai toujours pensé à ma fin, » me disait un vieux capitaine quelques jours avant sa mort. J'ouvrais la bouche pour lui exprimer mon admiration : « Oui, continua-t-il, dès mon entrée au service je me suis dit : j'aurai une retraite. » Que ne s'était-il occupé à se créer des droits à la retraite éternelle !

struction. Il faut donc qu'à l'amour du devoir les officiers joignent un esprit alerte et cultivé, ce qui exclut également les habitudes de débauche et d'oisiveté.

Les conditions d'amour du devoir, de vigueur et d'aptitude au travail obtenues par une bonne éducation première, seront maintenues à l'aide de sages règlements appliqués avec fermeté, mesure et persévérance.

J'ai dit comment l'esprit religieux développait l'amour du devoir. La vigueur physique sera conservée par la sobriété, par les exercices du corps, par des privations et des fatigues qui, imposées avec discrétion, n'affermissent pas moins les âmes qu'elles endurcissent les corps. Cet *entraînement* est d'autant plus nécessaire et doit cependant être employé avec d'autant plus de prudence qu'une civilisation corruptrice énerve les cœurs et affaiblit davantage les forces physiques.

Des travaux intellectuels d'une nature sérieuse et élevée peuvent avoir une heureuse influence sur la moralité des officiers. Malheureusement il ne sera pas facile de les obtenir de tous; beaucoup chercheront à s'en dispenser. La paresse naturelle saura trouver dans la fatigue physique, sinon une excuse légitime, du moins un prétexte spécieux. Ils ne pourront donc avoir des résultats de quelque valeur si l'on ne prend des mesures décisives.

La première condition dans toute profession, est de savoir son métier. Or c'est ce dont on s'occupe le moins aujourd'hui dans l'armée. Nous avons parmi nos officiers des littérateurs, des savants, des artistes mêmes ; mais peu de militaires. Nos écoles, dont l'utilité est incontestable, sont complétement à refondre. L'organisation et le personnel en étaient également défectueux.

Dans les corps, il est absurde de faire réciter les théories aux officiers qui les savent et de garder au service des ignorants ; mais il est nécessaire de faire expliquer les règlements par des hommes capables. On donne de l'avancement à des nullités qui peuvent à peine faire réciter une leçon. De là les théories actuelles où les officiers ne se rendent qu'avec dégoût. Pour les matières qui concernent le métier comme pour celles qui se rapportent à l'instruction générale, des examens devraient être passés en présence du général lors des revues trimestrielles, afin de déterminer les officiers *admissibles* à l'avancement. L'inspecteur général arrêterait définitivement la liste des officiers qui ne seraient pas, pour cela seul, portés au choix ; ils seraient simplement aptes à passer à l'ancienneté. Les autres ne pourraient passer ni au choix ni à l'ancienneté jusqu'à l'année suivante, à la fin de laquelle une nouvelle liste serait dressée.

Les lieutenants-colonels portés au choix ainsi

que les colonels présentés pour le grade de général, devraient être réunis chaque année à Paris pour y subir un examen théorique et pratique devant le Ministre de la guerre.

Tous les généraux seraient soumis à une épreuve semblable. En outre, les généraux de division donneraient de *vive voix* au Ministre qui en tiendrait note, des renseignements sur les généraux de brigade qu'ils ont sous leurs ordres.

Pendant l'année, le Ministre serait constamment en contact avec eux, par des officiers de son état-major qui parcourraient la France dans tous les sens.

Afin de mettre les officiers à même de passer les examens dont il a été question plus haut, on profiterait des ressources des grandes villes pour établir des cours de lettres et de sciences, et l'on enverrait dans les petites garnisons des officiers de choix faire des conférences pendant l'hiver.

Obligez chacun à vous donner ce qu'il a : il le doit à l'armée. Une des erreurs les plus pernicieuses est de croire qu'il faille rémunérer les spécialités en leur donnant des grades. L'avancement est dû seulement à ceux qui se distinguent le plus par leurs services, par leur mérite professionnel, par leurs capacités et par l'honorabilité de leur vie. Cette dernière condition devrait être de rigueur : on a été à cet égard d'une indulgence déplorable : tous les jours nous en voyons les fruits. Les sages n'abondent pas dans l'armée, mais on peut trouver encore des hommes capables et sans *tares*. On ne saurait trop faire pour qu'il n'y en ait pas d'autres.

Les différents genres de mérite devront recevoir chacun sa récompense spéciale. Aussi la conduite aura une distinction, le savoir une autre, la bravoure une troisième, par exemple : une agrafe, une palme, une croix[1]. Les Prussiens récompensent la bonne conduite par une agrafe dont le métal varie selon le temps de service. Dans notre armée, les chevrons donnés à l'ancienneté équivalent trop souvent à un brevet d'incapacité et sont presque toujours une prime donnée à l'ivrognerie.

Les félicitations sont aussi une récompense; mais elles n'ont plus de prix que comme titre à l'avancement, et pour leur rendre leur valeur il faudrait commencer par rendre les âmes plus désintéressées. C'est là le point capital, et tant qu'on n'aura pas rétabli l'empire de la conscience on n'aura rien fait. S'il faut étendre les connaissances des officiers, nous ne saurions assez dire qu'il faut s'attacher plus encore à développer la réflexion, le raisonnement et par-dessus tout la noblesse des sentiments, le dévouement, l'esprit d'obéissance,

---

1. Un puissant moyen d'action serait la fondation d'un journal destiné principalement à l'armée, résumant largement les autres feuilles publiques, ayant une partie commune pour tous les militaires et une partie spéciale pour les officiers.

l'esprit d'obéissance dont l'ennemi nous a montré les avantages et notre armée le besoin. *Vir obediens loquetur victorias* (Prov. XXI, 28). Bientôt il ne sera pas en Prusse une seule chaumière où un soldat ne raconte ses exploits[1]. Si l'armée française pouvait rapprendre l'obéissance, elle aurait à son tour de nouvelles victoires à raconter.

Elle donnerait tout d'abord un noble exemple et rendrait un grand service à la patrie ; elle hâterait la régénération sociale en transformant les contingents indisciplinés que lui envoie maintenant la conscription. Elle ne serait plus alors un fardeau pour l'État : devenue une grande école nationale, elle rendrait à la France la puissance, le sentiment de l'ordre, le patriotisme que tout l'or du monde ne pourrait lui donner.

Pour cela, il suffit de vouloir. La route est tracée et nous venons d'indiquer les conditions principales de notre régénération morale, physique et intellectuelle. Mais à quoi servent les meilleurs règlements s'ils ne sont pas exécutés ? La haute main à cet égard appartient aux chefs de l'armée aussi bien que la direction des opérations militaires en campagne. Dans la dernière guerre, les généraux, dit-on, n'ont pas tous été trouvés à la hauteur de leur tâche : quoi qu'il en soit, il est trop

---

1. Ce moment est arrivé.

clair qu'on n'est pas en mesure de les remplacer actuellement avec avantage ; mais on peut espérer du patriotisme de nos chefs, qu'ils mettront tous leurs soins à faire exécuter les règlements et à préparer des hommes réunissant toutes les conditions du commandement.

Dieu seul peut faire les hommes de génie; mais l'étude donne la science et les fortes convictions unies aux pratiques religieuses forment les grands caractères. Or le caractère est la première condition pour un chef et la plus indispensable à la suite de cette guerre, alors que tous les ressorts seront détendus. Il faut une grande force de caractère pour ne pas se laisser entraîner par des rivalités de commandement, pour résister aux influences, pour se mettre au-dessus des compétitions de toutes sortes et mettre chacun à sa place. Il faut une énergie peu commune pour faire avec une rigoureuse justice la distribution des peines et des récompenses.

Mais, si le caractère est nécessaire au commandant en chef pour préparer une bonne armée pendant la paix, il est bien plus indispensable au milieu des difficultés inextricables de la guerre[1].

---

1. Les auteurs militaires sont unanimes à ce sujet et il convient de citer quelques extraits d'un ouvrage très-estimé chez les Prussiens, avec juste raison.

Tout général commandant une armée en campagne est en lutte

Mais le désordre dans la conduite, la confusion des idées de bien et de mal, le désir de plaire au maître, amènent l'abaissement des caractères : de là indécision sur le champ de bataille aussi bien que faiblesse dans la distribution des peines et des récompenses. Comment voulez-vous que celui qui doute de tout, ne se prenne pas à douter de lui-même lorsque des circonstances aussi imprévues que terribles viennent à se dresser devant lui ?

Le chef sans convictions est livré à son humeur. Dans un moment de colère, il sera implacable, tandis que la plupart du temps on le trouvera d'une indulgence excessive, surtout pour les fau-

---

continuelle avec un ennemi qui cherche à ruiner ses projets. Son plan repose sur une connaissance imparfaite de la position et des mouvements probables de cet adversaire. A peine les armées sont-elles en mouvement que la perplexité augmente et que les questions s'agitent. L'ennemi opère-t-il selon les premières hypothèses ? Faut-il changer de plan ? Que de circonstances viennent encore entraver la décision ! Le temps passe, l'ennemi marche pendant que nous réfléchissons ; puis quand nous avons pris un parti les choses ne sont plus les mêmes. Il ne suffit pas de prendre une décision, il faut encore le faire à temps. De plus, on peut se tromper sur ce qu'on croit savoir des mouvements de l'armée opposée. Cependant de cette décision dépend non-seulement la gloire et la fortune d'un seul homme, mais encore la fortune et la vie de milliers d'hommes, l'existence des États. Quel autre qu'un général en chef a une responsabilité semblable et de telles angoisses ? Le caractère lui est donc indispensable. S'il manque de décision et de fermeté, toutes les qualités de l'esprit lui deviennent inutiles. Le mérite de ses lieutenants ne pourra jamais y suppléer.

tes dont il est lui-même coutumier. Son indolence l'empêchera de réprimer le mal, de connaître les bons serviteurs. Les camarades et l'entourage auront tout empire sur lui. De là un défaut de justice qui amène le relâchement de la discipline et fait faire des choix déplorables. Le relâchement de la discipline produit chez les supérieurs une lassitude qui s'exhale en doléances stériles ou en répressions sans suite; les avancements immérités fomentent chez les inférieurs un mécontentement qui se traduit par des récriminations violentes et un grand laisser-aller dans le service. Ce laisser-aller vous pouvez le faire cesser, de même que vous pouvez jusqu'à un certain point comprimer les récriminations; mais comment atteindrez-vous les sentiments: le dédain qu'a fait naître le manque de dignité de votre conduite, la haine enflammée par votre partialité, le désir de repos et de basses jouissances qui règnent généralement?

Comprenez-le, dans l'armée comme dans la nation, le mal est dans les âmes, et c'est là qu'il faut l'attaquer.

Le grand-père du roi de Naples disait à son fils, qui se préoccupait extrêmement de l'uniforme de ses soldats : « Habille-les en bleu, habille-les en blanc, habille-les en rouge, ils seront toujours des poltrons. » Et moi je vous dis avec une assurance que l'avenir ne démentira pas : dans les conditions

actuelles de prospérité matérielle sans contre-
poids, avec les excitations de toute nature qu'offre
notre civilisation corrompue, encadrez toute votre
jeunesse dans l'organisation militaire la plus sa-
vante qui se puisse imaginer, faites-en des bacheliers ès lettres et des bacheliers ès sciences, vous
ne réussirez pas à leur rendre les forces corporelles
et morales prématurément et fatalement détruites.
De cette tourbe égoïste, charnelle, vaniteuse et débile, vous ne tirerez jamais un soldat.

Vous ne préparerez donc pour les guerres pro-
chaines que des générations étiolées, formant des om-
bres d'armées conduites par des chefs impuissants.

Vous reverrez bientôt vos troupes battues et votre sol envahi. Dans vos villes bloquées, vos famé-
liques soldats se feront mendiants, tandis que leurs
généraux s'apprêteront à capituler et que leurs
officiers rempliront les cafés ou parcourront les
camps dans des voitures remplies de filles, jusqu'à
ce que prisonniers et toujours aussi indignes, ils
deviennent le scandale et la risée du vainqueur.

Ce sont bien là les fruits que vous prépare le scep-
ticisme : j'en ai vu les primeurs. Qu'a-t-il fait de la
France et de nous chrétiens? Depuis plus de dix
ans, le mouvement de notre décadence s'accélère
d'une manière effrayante : Ancône, Sadowa, Sedan !

Et Metz !... O mes compagnons d'armes, qui nous
l'eût dit devant Sébastopol?... La France livrant par

nos mains sa plus noble forteresse et sa plus belle armée !... nous-mêmes livrés aux Prussiens, hués dans les rues de leurs villes, mêlés aujourd'hui à leur triomphe, et, douleur plus poignante encore, forcés, d'assister l'épée au côté, à l'agonie de notre pays !... Qu'on me permette au moins la consolation de lui faire entendre ce que je crois, ce que je sais être la parole du salut : revenez au christianisme, lui seul peut vous sauver.

Il prendra vos enfants et il en fera des hommes, et ces hommes comprendront le prix de leurs âmes. Ceux-là sauront mourir plutôt que de se dégrader. Vous aurez alors un peuple libre pour qui le sol sera deux fois sacré, comme un dépôt reçu de Dieu et de ses pères, qu'il est chargé de transmettre à ses enfants. Ce peuple n'aura vraiment qu'une âme : il ne consentira pas à se laisser mutiler. Vous aurez un gouvernement prévoyant, respecté, une armée disciplinée, vigoureuse, solide. Vous aurez enfin Dieu avec vous....

Vous pourrez, ô mon pays, redevenir la *France !* Puissiez-vous le comprendre et le vouloir !

Typographie Lahure, rue de Fleurus, 9, à Paris.

www.ingramcontent.com/pod-product-compliance
Lightning Source LLC
Chambersburg PA
CBHW051718050726
47598CB00003B/945